Liebe Eltern,

jedes Kind ist anders. Eines kennt bereits alle Buchstaben in der Vorschule und kann sie zu Wörtern formen. Ein anderes lernt das Abc beim Eintritt in die Schule. Für das spätere Leseverhalten ist das völlig unerheblich. Wichtig aber ist der Spaß am Lesen – und zwar von Anfang an. Darum muss sich die konzeptionelle Entwicklung von Lesetexten an den unterschiedlichen Lernentwicklungen der Kinder orientieren. Unser Bücherbär-Erstleseprogramm umfasst deshalb verschiedene Reihen für die Vorschule und die ersten beiden Schulklassen. Sie bauen aufeinander auf und holen die Kinder dort ab, wo sie sind. So wird der Lernprozess auch für den fortgeschrittenen Erstleser leichter und die Freude am Lesen hält ein Leben lang.

Die Bücherbär-Reihe **Kurze Geschichten** richtet sich an Leseanfänger in der 2. Klasse.

Nortrud Boge-Erli
Ballettgeschichten

Nortrud Boge-Erli,
1943 geboren, studierte Germanistik und Kunstgeschichte und arbeitete als Lehrerin und als ehrenamtliche Mitarbeiterin in der Jugendarbeit. Sie schreibt Liedertexte sowie Kinder- und Jugendbücher, die schon in mehrere Sprachen übersetzt wurden.

Irmgard Paule
arbeitet seit dem Studium für Gestaltung als freie Graphikerin in der Werbebranche und ist seit 1998 als freischaffende Illustratorin tätig.

6. Auflage 2014
© Arena Verlag GmbH, Würzburg 2006
Alle Rechte vorbehalten
Einband- und Innenillustrationen: Irmgard Paule
Gesamtherstellung: Westermann Druck Zwickau GmbH
ISBN 978-3-401-70050-2

www.arena-verlag.de

Nortrud Boge-Erli

Ballettgeschichten

Mit farbigen Bildern von Irmgard Paule

Arena

Inhalt

Die Weihnachtsaufführung   8

Jungs tanzen doch nicht?   19

Quittengelbe Neidgedanken   35

Wahre Freundschaft   47

Mirkos Traum   56

Die Weihnachtsaufführung

„Mama, der Reißverschluss klemmt schon wieder!" Illa zerrt verzweifelt an ihrem Kleid. Sie steht vor dem großen Spiegel im Schlafzimmer ihrer Eltern und windet sich um sich selbst herum wie eine Schlange. Das meerblaue Glitzerkleid spannt.

Es ist hauteng und sieht wundervoll aus.
Am Rücken führt eine Schärpe aus Tüll bis
hinab auf den Boden. Illa sieht aus wie eine
Wassernixe. Morgen wird sie in diesem
Kostüm tanzen. Den Tanz der Wassertiere
und Nixen. Morgen findet nämlich die große
Aufführung der Tanzschule statt.
Zum Abschluss des Weihnachtsmarktes
auf einer Bühne vor der Kirche.
Illas Mutter leitet die Tanzschule, und Illa
ist die beste Tänzerin in ihrer Altersgruppe.
Darum wird sie gleich zwei Figuren
hintereinander tanzen.

Alles wäre perfekt, wenn Illa nur das traumhafte Kleid mit der Schärpe nach dem Tanz schnell allein wieder ausziehen könnte! Aber der Tüll verfängt sich ständig in den Zähnchen des Reißverschlusses. Das nervt total.

„Was ist denn schon wieder?" Mama, das mobile Telefon am Ohr, kommt aus dem Wohnzimmer herüber.

„Ja, Sekunde mal, Schatz", sagt sie zu Papa am anderen Ende der Leitung. „Ich muss eben deiner Tochter aus dem Nixenkostüm helfen."

Sie klemmt sich das Telefon zwischen Schulter und Kinn. Mit beiden Händen zupft sie geschickt den Tüll zurecht und zieht den Verschluss auf.

„Ja, ja, sie ist auch meine Tochter", lacht sie, schaut aber Illa nicht sehr freundlich an.

Dass auch Mama Lampenfieber hat, spürt Illa deutlich. Wenn nur schon alles vorüber wäre!, denkt sie, streift das Nixenkleid ab und schlüpft in den gestreiften Tigeranzug mit Ohrenkapuze und wippendem Schweif.

Auch dieser Anzug muss hinten zugezippt werden. Aber er ist so weit geschnitten, dass Illa den Reißverschluss nicht ganz öffnen muss. Schnell übt sie noch ein paar Tigersprünge.

Am nächsten Tag stehen die Zuschauer auf dem Marktplatz schon dicht an dicht. Es ist kalt. Illa zieht Mamas warmen Poncho fest um ihre Schultern. Mit ihr bibbern die anderen Wassernixen, Frösche und Fische in ihren meerblauen Glitzerkostümen.

Im Zelt pustet eine Gasheizung warme Luft auf die Bühne, aber zum Umkleiden müssen die Kinder die Bühne verlassen, denn gleich wird ein Tanz den anderen ablösen. Die Musik setzt ein. Fort mit dem Poncho! Die Nixen Illa und Jana tanzen allen voran auf die Bühne.

Mamas Stimme klingt laut und gezwungen fröhlich durchs Mikrofon. Illa zittert ganz innen. Im schön warmen Wind der Heizung stellen sich die Mädchen auf. Vorne die jüngeren, hinten die großen Mädchen.

Und los geht der Tanz. Alle Aufregung ist vergessen. Illa ist eine Wassernixe.
Sie spürt das Wasser um ihren Körper

fließen, teilt die Wellen, schwimmt und gleitet um die anderen Wasserwesen herum.
Und Schluss! Und Beifall und Juuu-Rufe.
Und abtanzen.
Eine kleine Gruppe aus großen Mädchen bleibt zum Umziehen neben der Bühne. Mama kündigt einen Pausenfüller an, während Illa und die anderen sich in Tiger, Löwen, Affen und Bären verwandeln.
Aber . . . der Tüll! In der kalten Luft werden Illas Finger klamm und steif.

Der Tüllschweif verklemmt sich. Oh, nein!
Illa zerrt und zupft. Die anderen sind schon
fertig aufgestellt. Illa steht immer noch im
Nixenkleid da. „Jana, hilf mir!"
Jana versucht es, aber der Tüll verklemmt
sich nur noch mehr.
Die Musik setzt ein. Gleich muss Illa als
Tiger auf die Bühne springen. Egal.
Sie zieht einfach das Tigerkostüm über
das Nixenkleid. Jana stopft den Tüll, so gut
es geht, ins Tigerfell.

Illas Papa steht schon als Weihnachts-
mann auf der Bühne. Die Tiere bilden
einen Kreis um ihn herum.
„Sind alle Tiere da?", ruft Mama ins
Mikrofon. Und während die anderen ihre
Pfoten und Tatzen und Pranken recken,
huscht Illa endlich auf die Bühne.
Aber an Mama kommt sie nicht vorbei.

„Halt", Mamas Stimme tönt laut über den ganzen Marktplatz. „So kannst du nicht tanzen!"
Und vor allen Leuten fummelt Mama den restlichen Tüll ins Tigerkleid. „Ausgerechnet meine Tochter!", Mama tut, als wäre es ein guter Witz. Dabei ist es Illa so peinlich, dass sie am liebsten unsichtbar wäre!

Mit einem großen Schritt steht Papa Weihnachtsmann neben seiner Tigertochter und hebt sie hoch. Er trägt sie wie eine Beute in den Kreis, und alle Leute klatschen Beifall und lachen. Der Tanz kann beginnen.

Am Schluss bekommen alle Tänzerinnen und Tänzer großen Beifall und heißen Kinderpunsch.

Später aber, als Illa mit den Eltern wieder allein ist, sagt Papa: „Dass du Illa vor allen Leuten bloßgestellt hast, war wirklich nicht nötig, Schatz." Und er nimmt seine Tochter noch einmal lieb in die Arme. „Tut mir leid, Illa", sagt Mama leise.

Jungs tanzen doch nicht?

Kevin war klein. Er war eindeutig der Kleinste in seiner Klasse, obwohl er nicht einmal der Jüngste war. Sein Freund Eric war ein halbes Jahr jünger, aber drei Köpfe größer. Alle in seiner Klasse wuchsen jeden Tag ein Stück, und das macht sieben Stücke in der Woche. Nur er wuchs überhaupt nicht.

Wenn Kevin sich im Spiegel sah,
streckte er sich die Zunge heraus und
fletschte seinem Bild die Zähne.
„Werd endlich größer, du Depp! Na los, mach
schon!", zischte er sich selbst zu. Aber das
half nichts. Kevin blieb klein und zart.

Seine beiden großen Schwestern,
Karin und Susanne, fanden ihn niedlich.
Sie knuddelten ihn und streichelten seine
blonden Haare. Aber die Schwestern
wohnten schon lange nicht mehr bei Kevin

und den Eltern. Sie kamen nur manchmal zu Besuch.
Also war Kevin oft allein zu Hause.
Dann hörte er am liebsten wilde, lustige Musik. Er drehte den CD-Player voll auf, zog seine Schuhe aus und tanzte barfuß durch die ganze Wohnung.
Er tanzte aber nicht nur mit den Füßen. Nein. Er warf die Arme hoch, er übte Sprünge wie eine Katze, er dehnte und drehte sich. Dabei stellte er sich vor, er wäre ein Tänzer und neben ihm tanzten andere Jungs und Mädchen.

Diese heimlichen Übungen machte Kevin, seit er mit den Eltern bei einer Aufführung im Tanztheater war. Das Stück hieß Cats und handelte von lauter Katzen, die wundervolle Sprünge machten und dazu sangen. Natürlich waren es verkleidete Menschen. Tänzer! Und Kevin wünschte sich nichts sehnlicher, als selbst so wundervoll tanzen zu können.

Nur dass er gern tanzte, durften die anderen niemals erfahren. Nicht einmal sein Freund Eric. Die Jungs in seiner Klasse würden ihn fürchterlich auslachen und ihn als Weichei und Mamakind verspotten. Sie sagten ja sowieso schon: „Der Kevin sieht aus wie ein Mädchen!" Und zu Eric meinten sie: „Was willste denn mit dem? Der ist eine komplette Niete im Fußball."

An jenem Mittwoch, an dem sich alles ändern sollte, rempelten Joe und Tomas, genannt Tom und Jerry, ihn auf der Treppe zum Pausenhof an. Sie waren die größten und stärksten Jungs der Klasse und rempelten so heftig, dass Kevin ausrutschte und auf dem Rücken die Stufen hinunterglitt. Sein T-Shirt verrutschte. Er schürfte sich die Haut blutig. Es tat furchtbar weh.

„He, Kleiner, verpiss dich!", schrien Tom und Jerry, lachten, dass es durchs Treppenhaus schallte, und weg waren sie. Mühsam rappelte Kevin sich auf.

Er kämpfte mit den Tränen,
so weh tat ihm sein Rücken.
Da tönte zum Glück die Stimme
seines Freundes Eric. „Ihr Idioten,
das gibt Rache!" Eric und Nina,
die schon im Pausenhof waren,
kamen zurückgelaufen
und trösteten Kevin.

Nachmittags, als seine Mutter wieder zur Arbeit gegangen war, ließ Kevin wie immer seine CD laufen und übte Tanzschritte. Weil schönes Wetter war, hatte er die Terrassentür geöffnet.
Gerade übte er einen Drehsprung vom Hocker auf die Fliesen, da stand plötzlich Nina vor ihm.
„Hi", sagte sie, „erschreck dich nicht! Du hast die Türglocke nicht gehört, da bin ich einfach durch den Garten gekommen. Wollte mal schauen, ob es dir besser geht", sagte sie und: „Oh, hörst du Cats? Das ist obergeil!"
Schon war sie im Wohnzimmer und machte gekonnte Katzensprünge. Kevin war so überrascht, dass er einfach um sie herumtanzte. Es machte beiden riesigen Spaß.

Als das Lied verklungen war, stoppte Kevin den Player. „Tut mir leid, das . . . das mache ich sonst . . .", stotterte er und wurde ganz heiß und rot im Gesicht, so schämte er sich plötzlich. „Verrat mich bitte nicht", sagte er dann leise. „Wenn Tom und Jerry mitkriegen, dass ich gern tanze . . . Oje!"

Aber Nina schüttelte ihr langes braunes Haar. „Du bist total spitze", behauptete sie. „Ich wusste gar nicht, dass du so gut tanzen kannst. Wenn ich das gewusst hätte! Ich hab doch Ballettunterricht. Wir suchen für unser Märchenspiel ganz dringend noch Jungs. Magst du mitmachen?"
Kevins glockenblumenblaue Augen wurden rund und noch größer, als sie schon waren. „Du meinst, es gibt andere Jungs, die tanzen?"

Nina nickte heftig. „Aber immer zu wenige, weil die meisten Jungs feige sind und sich nicht trauen. Für das Märchenspiel haben wir nur fünf Jungs. Darum müssen zwei Mädchen beim Rabentanz mitmachen. Eines davon bin ich . . ."

„Meinst du, ich soll echt Ballett tanzen?"
„Klar", sagte Nina. Ich hab schon den Eric gefragt, aber der geniert sich. Wir brauchen sieben Jungs, aber bisher haben wir erst fünf gefunden. Wenn du mitspielst, kann ich Eric vielleicht überreden. Das wäre supi!"

Später fragte sich Kevin manchmal, wie es mit ihm weitergegangen wäre, wenn Nina an diesem Nachmittag nicht gekommen wäre. So aber nahm sie ihn mit in die Tanzschule.

Und tatsächlich war er nicht der einzige Junge, der sich traute! Mit den fünf anderen Jungs und mit Lara, die sehnig und kräftig wie ein Junge war, übte er den Tanz der Sieben Raben ein. Nina durfte endlich zu den Prinzessinnen überwechseln.

Dafür war sie Kevin so dankbar, dass sie ihm am Ende der ersten Probe einen heftigen Schmatz auf den Mund gab und ihn zum Partner wählte.

Die Raben verwandeln sich natürlich am Ende des Rabentanzes in junge Prinzen und streifen ihre schwarzen Federmäntel ab. Dabei hilft jedem Prinzen seine

Prinzessin, mit der er danach weitertanzt.
Am Schluss fassen die Prinzen ihre
Partnerinnen um die Taille und heben
sie hoch.

Als Kevins Schwestern von der Aufführung hörten, kamen sie und nähten an einem Nachmittag jede Menge Federn auf Kevins schwarzes Kostüm. Sie fanden ihren kleinen Bruder total süß, was Kevin natürlich ärgerte.

Dafür fand er es wundervoll, dass sein Lehrer in der Tanzschule selbst ein richtig berühmter Tänzer war. Und dass er Kevin lobte. Und ihn fragte, ob er von jetzt an bei den „Theaterjungs" mitmachen wolle.
Ein Tanztheater nur für Jungs. Natürlich wollte Kevin!
Zur Aufführung auf der Freilichtbühne kamen alle Eltern der Ballettratten, und natürlich schauten Kevins Schwestern, Karin und Susanne, zu.
Außerdem versammelte sich die halbe Klasse auf den Zuschauerbänken. Zwar waren Tom und Jerry nicht dabei, aber sie machten am nächsten Tag lange Gesichter. Sie hatten nämlich ihre Chance verpasst, ins regionale Fernsehen zu kommen, denn die Kameras schwenkten immer wieder über die Reihen der begeisterten Zuschauer.

Kevin und seine Rabenbrüder wurden sogar interviewt. Alle konnten ihn später in einer Sendung bewundern. Die hieß „Das Ballett der Sieben Raben. Tanztheater auch für Jungs".
Von da an neckten ihn die anderen Jungs nur manchmal zum Spaß. Sie nannten ihn den „Ballerino", und er spürte deutlich, dass sie ihn bewunderten. Am meisten aber freute sich Kevin, dass Eric nun doch Lust bekam und bei den Theaterjungs mitmachte.

Quittengelbe Neidgedanken

Im Umkleideraum riecht es wie immer nach Schweiß und Deo. Lydia pellt sich aus dem pinkfarbenen Trikot, das an ihrer Haut klebt wie Kaugummi an den Zähnen.
„Tut mir echt leid, Lydi", sagt Sina, die neben ihr in den Bademantel schlüpft. „Ich find's blöd, dass es immer solche Entscheidungen gibt. Dass die Linky behauptet, ich könnte die Kür besser, was gar nicht stimmt ..."

„Phhh", macht Lydia nur. Mehr bringt sie echt nicht über die Lippen.
Phhh, so verächtlich schnaubt ihre Schildkröte, wenn Lydia sie im Garten einfängt und wieder ins Gehege sperrt.
„Bist du mir böse?" Sina legt zu allem Übel auch noch den Arm um Lydias Schultern.
Lass mich in Ruhe!, denkt Lydia, aber sie sagt es nicht.
Das Kinn auf die Brust gedrückt, lässt sie sich von Sina in den Duschraum schieben. Der ist voll von Dampf, prasselndem Duschwasser und schnatternden Ballettratten.
Lydia und Sina hängen ihre Bademäntel an die Haken und tauchen in den weißen Dampfwolken unter. Doch Lydias schwarze Gedanken schwemmt keine noch so heiße Dusche weg.

Immer passiert mir dasselbe, denkt Lydia traurig und zornig und finster. Immer wählt die Linky ihre geliebte Sina. Nie darf ich die Gruppe anführen. Nie das Solo tanzen.
Toll, dass Sina es selber ungerecht findet. Echt spitze! Mir nützt das gar nichts.
Im Gegenteil. Was muss die auch noch freundlich mit mir tun? Merkt sie denn nicht, dass ich sie nicht leiden kann?
Ich wünsche ihr alles Schlimme, Schlechte, Böse! Ich will sie am liebsten gar nicht wiedersehen. Wenn sie nur verschwinden würde, weg sein. Weit weg!

„Und nun jede einzeln", sagt Annette Link, die Ballettlehrerin, bei der nächsten Probe. „Sina, beginnst du, bitte. Und die andern schauen genau zu, denn so werdet ihr nacheinander auf die Bühne laufen und euch aufstellen."

Sina stellt sich in die erste Position, breitet die Arme, dreht den Oberkörper ... und läuft los. Jede Bewegung fließt in die nächste. So leicht sieht es aus, so perfekt. Nach ihr ist Lydia an der Reihe. Sie ist und bleibt eben die Zweite!

Sie hebt die Arme, lässt sie auseinandergleiten, läuft, stellt sich neben Sina, das rechte Bein angewinkelt, und drehen, die Arme lang nach oben, die Finger wie Tropfen locker nach unten fallen lassen und stopp! „Sehr schön, Lydia", lobt die Linky. Und warum darf ich dann nicht als Erste und Beste auf die Bühne laufen?, denkt Lydia bitter, während die andern Mädchen laufen und drehen und sich zum ersten Tanz aufstellen.
Später, auf dem Heimweg, malt sie sich aus, was sie Sina antun könnte, damit die am Abschlussfest nicht schon wieder als Erste auf die Bühne tanzen darf. Dass sie nicht schon wieder die ganze Gruppe anführt. Ich bin genauso gut wie sie! Ja, bin ich. Und morgen lass ich sie stolpern. Ich schmiere die Sohlen ihrer Tanzschuhe

mit Skiwachs ein . . . oder . . . lege ihr lauter Bananenschalen in den Weg oder . . .

Zu Hause, als Lydia sich vor dem Abendessen die Hände mit ein paar Tropfen Seife aus der Pumpflasche wäscht, hat sie die beste Idee!
Flüssige Seife! Sina muss ganz zufällig ausrutschen.

Morgen nach der Hauptprobe. Wenn wir alle die steile, enge Stiege vom Umkleideraum hinter der Bühne im Stadttheater nach draußen laufen ... Ich bleibe dicht hinter ihr, und dann, platsch!, lasse ich meine geheime Bombe platzen. Und die flüssige Seife mische ich mit ... mit ... na klar, mit Trinkjoghurt! Das merkt kein Mensch!
Am anderen Tag klopft Lydias Herz hart und schnell. Ganz hohl fühlt es sich an. Alle gelben Neidgedanken haben sich in ihrem Hals versammelt. Die Flasche mit dem Trinkjoghurt hält sie in der Jackentasche umklammert. Ihre superfiese Glitschbombe. Nur noch den richtigen Augenblick abwarten und ganz versehentlich die geöffnete Flasche von hinten genau zwischen Sinas Füße rollen lassen ...

Aber Sina kommt nicht zur Probe. „Leider", sagt die Linky, „hat Sina die Windpocken. Sie wird also auch nicht an der Aufführung teilnehmen. Lydia, bist du bereit? Du musst Sinas Rolle übernehmen."
„Ich? Wie-wieso?" Lydias finstere Gedanken überfallen sie wie wild gewordene Hornissen.

„Weil du ihre Rolle perfekt tanzen kannst. Sina kann nur eine einzige Sache besser, sie ist . . . ja, sie ist die geborene Anführerin. Eine Begabung, die man leider nicht lernen kann, Lydia. Na, los!"

Lydia schluckt. Und Lydia stellt sich in Position. Und Lydia tanzt. Die anderen Mädchen folgen ihren Bewegungen. Und alle loben sie. Die Aufführung ist gerettet!

Erst auf dem Heimweg spürt Lydia das kühle Plastik ihrer Glitschbombe in der Jackentasche.
Schnell, in den nächsten Papierkorb damit. Wie konnte ich nur so etwas planen!, denkt sie und ist richtig erschrocken.

Wahre Freundschaft

Der luftige Frühlingswind bläst Sarah und Nadine ins Gesicht. Ihre langen braunen Haare fliegen wie die Mähnen der Ponys auf der Wiese neben dem Schulgebäude. Sarah und Nadine sehen einander ähnlich wie Geschwister.
Aber das ist Zufall. Sie kennen sich erst seit einem halben Jahr, denn da haben Nadines Eltern das Haus neben Sarahs Elternhaus gekauft. Und schon in den ersten Wochen nach dem Umzug sind die Mädchen allerbeste Freundinnen geworden.
Auf dem Heimweg füttern sie erst einmal die Ponys. Dann verabreden sie sich für den Nachmittag. „Ich kann heute nur bis fünf", sagt Nadine. „Du weißt ja, mein Ballettunterricht."

„Ja, okay", Sarah lässt den Kopf hängen wie ein welkes Schneeglöckchen. Zu gern würde sie mit Nadine zur Tanzschule gehen, aber ihre Eltern halten nichts davon. Trotzdem probiert sie es beim Mittagessen wieder. „Kann ich nicht doch mit Nadine Unterricht bekommen?"
„Flausen!", sagt ihr Papa. „Wozu soll das gut sein? Herumhopsen kannst du im Garten, soviel du willst."
„Ballettmädchen sind eingebildete Äffchen", sagt ihre Mama, „und teuer ist es auch. Du hast schon Klavierunterricht und gehst zum Ponyreiten."
„Zum Reiten gehe ich doch nur manchmal. Und Klavier spielen will ich gar nicht. Immer nur sitzen und sitzen und üben."
„Ballett muss man erst recht üben!", sagt ihre Mutter.

„Na, ja", wirft Papa ein. „Immerhin ist es so etwas wie . . . na, sagen wir mal wie Gymnastik. Der ganze Körper wird trainiert. Also, streitet euch weiter, ich pack meine Sachen und komm heute erst nach dem Fußballtraining nach Hause." Er gibt Mama einen Kuss und streicht Sarah übers Haar. Fort ist er.

Sarah erledigt rasch ihre Hausaufgaben.
Dann scheucht Mama sie ans Klavier.
Verzweifelt hämmert Sarah ihre
Übungsstücke in die Tasten. Spaß macht
es ihr nicht. Während sie noch übt, kommt
Nadine. „Setz dich dazu, aber stör sie
nicht", sagt Sarahs Mutter und schaut
Nadine nicht besonders freundlich an.
„Ich fahr jetzt in die Stadt. Sarah muss
üben, bis der Wecker klingelt. Ich habe
extra die Zeit eingestellt."
Nadine setzt sich neben dem Klavier auf
den Teppich. Aber nicht lange.
„Spiel wieder was Fetziges", flüstert sie,
als draußen die Haustür ins Schloss fällt
und Sarahs Mutter ihr Auto startet.
„Okay!" Und Sarah erfindet eine wilde
Melodie, zu der Nadine wundervolle
Figuren tanzt.

Dann setzt sich Nadine ans Klavier.
Richtig spielen kann sie zwar nicht, aber
im Erfinden ist auch sie nicht schlecht.
Nun tanzt Sarah frei drauflos. Der Wecker
klingelt. Sarah räumt schnell die Noten
weg und klappt den Deckel über die
Tastatur. Dann schiebt sie eine CD in den
Player, dreht den Verstärker voll auf und
beide Mädchen tanzen. Nadine zeigt
Sarah, was sie im Ballettunterricht
gelernt hat.
Dass plötzlich zwei Mütter im Zimmer
stehen, bemerken Sarah und Nadine erst,
als die Musik verklingt und Nadines Mutter
Beifall klatscht.
„Vielleicht haben Sie recht", sagt Sarahs
Mutter, zuckt mit den Schultern und lächelt.
„Also, wenn Sie meinen, dass Sarah
begabt ist . . . Gegen einen Schnupperkurs

lässt sich eigentlich nichts einwenden. Ich werde mit meinem Mann darüber sprechen."

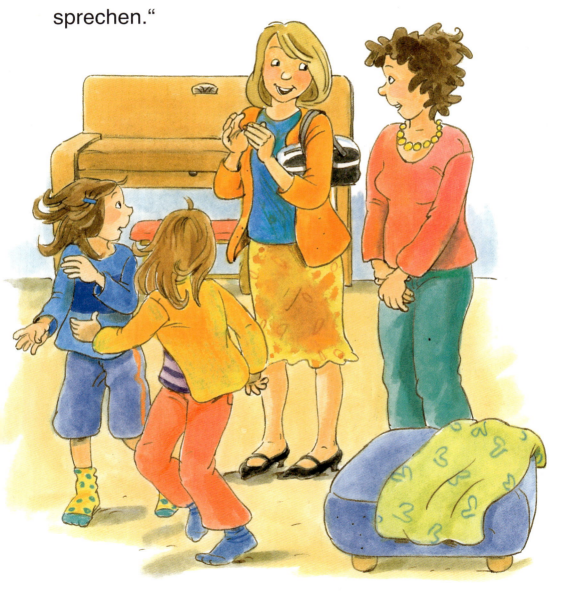

Eine Woche später weht der warme Frühlingswind den Mädchen die langen braunen Haare ins Gesicht und zaust die Mähnen der Ponys. Sarah rupft Löwenzahnblätter und Nadine Huflattich. Die Ponys zupfen ihnen das fette Futter aus den Händen. „Freust du dich?", fragt Nadine. „Und wie!", Sarah strahlt ihre Freundin an. „Deine Mama hat meine ja genial überredet."

„Ja", sagt Nadine. „Das kann sie! Und wart nur, die kriegt deine Mama schon dazu, dass sie dich an einem richtigen Kurs teilnehmen lässt!"

Am Nachmittag wird Nadines Mutter beide
Mädchen zur Tanzschule fahren.
Sarah darf an einem Schnupperkurs
teilnehmen.
Beide sind ganz kribbelig vor Aufregung,
und jede drückt die Hand der anderen,
als sie den restlichen Weg nach Hause
gehen.

Mirkos Traum

Ehrlich gesagt, ich kann ein Mädchen aus meiner Klasse total gut leiden. Das darf ich natürlich nicht laut sagen, denn es ist nicht gerade cool. Meine Freunde finden nämlich, dass Senta voll die Zicke ist. Das stimmt aber nicht.
Senta findet Jungs doof. Mich leider auch . . . bis vorigen Donnerstag.
Bis dahin fand sie, dass man mit Jungs nichts anfangen kann, weil wir nur Fußball im Kopf haben und uns im Schulhof kloppen. Im Schulhof stehen Senta und ihre Freundinnen zusammen. Sie kichern und tuscheln über uns. Und Senta fährt sich mit gespreizten Fingern durch ihre langen, glatten Haare, die aussehen wie blond gefärbt.

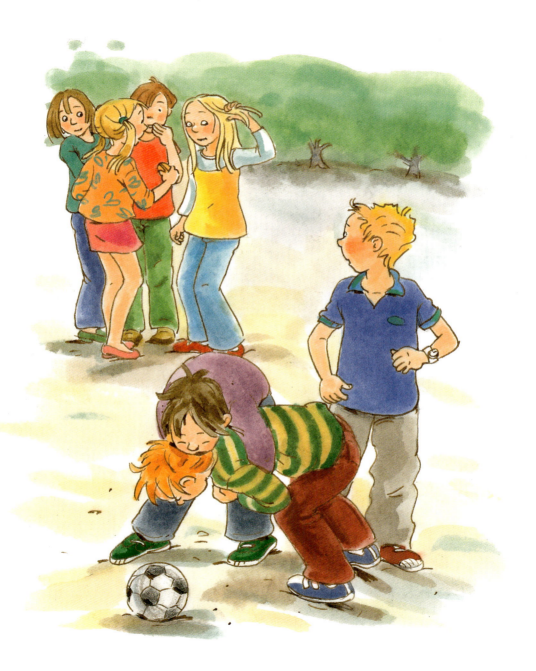

Manchmal wirft sie einen blitzgrünen Blick herüber. Sie verzieht den Mund und macht ihre Nase kraus. Sie tut, als ob sie mich überhaupt nicht leiden kann. Aber ich weiß es besser.

Ich kann sie so gut leiden, dass ich am liebsten immer da wäre, wo sie ist. Meistens schaffe ich das sogar. Früher bin ich nach der Pause hinter ihr hergegangen und habe sie an den langen Haaren gezogen. Dann hat sie sich umgedreht und mich angefaucht. Ich habe dann gegrinst und behauptet, dass ich es nicht war.

Seit ein paar Wochen weiß ich, dass Senta jeden Donnerstag um fünf am Nachmittag Ballettunterricht hat. Meine Schwester Vivi und ihre Kindergartenfreundin Lucy haben seit Neuestem nämlich in derselben Tanzschule Unterricht. Es gibt da einen Kurs für die Kleinen. Vivi will unbedingt Ballerina werden. Dabei ist sie erst fünf Jahre alt. Mama und ich lachen, wenn Vivi mit ernstem Gesicht ihre kleinen Füße in die erste Position stellt. Es sieht einfach niedlich aus. Aber Senta kann richtig gut tanzen. Ich hab es selbst gesehen. Sooft ich kann, bringe ich nämlich Vivi zur Ballettschule, bevor ich zum Fußballtraining gehe.

Mama findet, ich sei ein netter großer Bruder. Dabei mache ich es gar nicht wegen Vivi. Ich mache es, weil ich nämlich mit Vivi im Umkleideraum für die Kleinen warten kann, bis die Größeren fertig sind. Natürlich helfe ich meiner kleinen Schwester beim Umkleiden. Klaro!
Aber durch die Glaswand sehe ich, wie Senta und die anderen Mädchen tanzen.

Senta hat ihre Haare zu einem Knoten im Nacken gerollt. Sie trägt ein violettes Trikot und flache rote Stoffschuhe.
Sie sieht gar nicht wie die Zicke Senta aus. Und was die Mädchen üben, sieht auch nicht so aus, wie ich mir Ballett vorgestellt habe. Ich dachte, die hüpfen in Tüllröckchen herum, trippeln auf Zehenspitzen.
Aber die machen eigentlich nur sportliche Übungen mit Musik. Das imponiert mir. Immerhin weiß ich jetzt, warum Senta im Bodenturnen so gut ist. Wenn die großen Mädchen in die Umkleide kommen, verschwinde ich natürlich.
Gestern hab ich so lange im Flur draußen getrödelt, bis Senta herauskam. „Hi, Mirko, was machst du denn hier?", hat sie höhnisch gefragt und mich in die Rippen geboxt.

Ich habe ihr erklärt, dass ich Vivi begleite.
„Echt? Deine kleine Schwester? Hätte ich dir gar nicht zugetraut."

Wir sind zusammen nach draußen gegangen, und sie musste noch warten, weil die Tanzlehrerin etwas mit ihrer Mutter besprechen wollte.

„Ich hab Angst, meine Lehrerin schimpft mit Mama, und nachher krieg ich es ab. Mama möchte, dass ich schon jetzt Spitzentanz übe. Aber die Lehrerin war entsetzt, als ich es ihr erzählt habe. Ich muss zu Hause in Mamas alten Ballettschuhen üben, und das tut vielleicht weh. Meine Zehen sind schon ganz geschwollen davon. Das hat meine Lehrerin bemerkt, und sie hat gesagt, dass ich noch längst nicht alt genug dafür wäre. Jetzt redet sie mit meiner Mutter."

Senta hat sich auf die Lippen gebissen und an den Fingernägeln gekaut, so genervt war sie. Wir haben uns auf das Mäuerchen vor der Einfahrt gesetzt.

Und Senta hat ihre Haare aufgemacht und mich auf einmal ganz lieb angeschaut.
„Magst du denn nicht gern tanzen?", fragte ich.
„Doch, klar mag ich. Aber Mama will, dass ich superperfekt bin, und das macht mich fertig. Ach, Shit, warum erzähl ich dir das? Du lachst doch bloß mit deinen Freunden über mich."
„Tu ich nicht."
„Tust du wohl . . ."
Da habe ich mich einfach getraut. Ich bin ein bisschen näher gerutscht und habe den Arm um ihre Schultern gelegt. Senta hat sich an mich gelehnt.
Gerade da kam ihre Mutter angestürmt. Die war vielleicht durchgeknallt. Hat Senta am Arm gerissen und fast die Treppe runtergeschubst. Und herumgeschrien,

warum Senta das mit den Spitzenschuhen der Tanzlehrerin erzählt hätte.
„Sie hat mir verboten, mit dir zu üben. Mir! Ich hätte große Lust, dich von dieser Schule zu nehmen!"

Was Senta geantwortet hat, habe ich nicht mehr mitgekriegt, weil dieses Untier von einer Mutter Senta ins Auto gestopft hat. Türen geknallt, Motor aufgedreht, und fort waren sie. Mich haben sie gar nicht mehr beachtet.

Nachts hab ich von Senta geträumt. Dass sie tanzt und wundervoll aussieht. In meinem Traum tanzte sie ganz allein auf einer Bühne, und als die Musik aufhörte,

bin ich auf einer Strickleiter zu ihr hochgeklettert. Aber bevor ich ihr gratulieren konnte, klatschten alle Leute im Zuschauerraum wilden Beifall. Da bin ich aufgewacht, und mein Vater stand an meinem Bett und hat tatsächlich in die Hände geklatscht und gesagt: „Hopp, hopp, aufstehen, du hast den Wecker nicht gehört!"

Nach der nächsten Ballettstunde habe ich Senta von meinem Traum erzählt. Sie hat zugehört und gelacht, und sie hat . . . sie hat mir . . . ja, ehrlich . . . einen Kuss gegeben.